Handwriting

Practice Workbook

For Kids Ages 3+

"This workbook belongs to

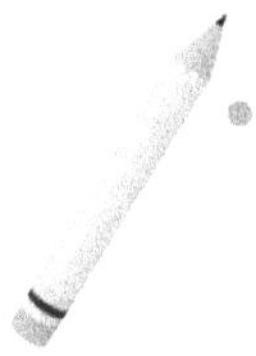

.... "

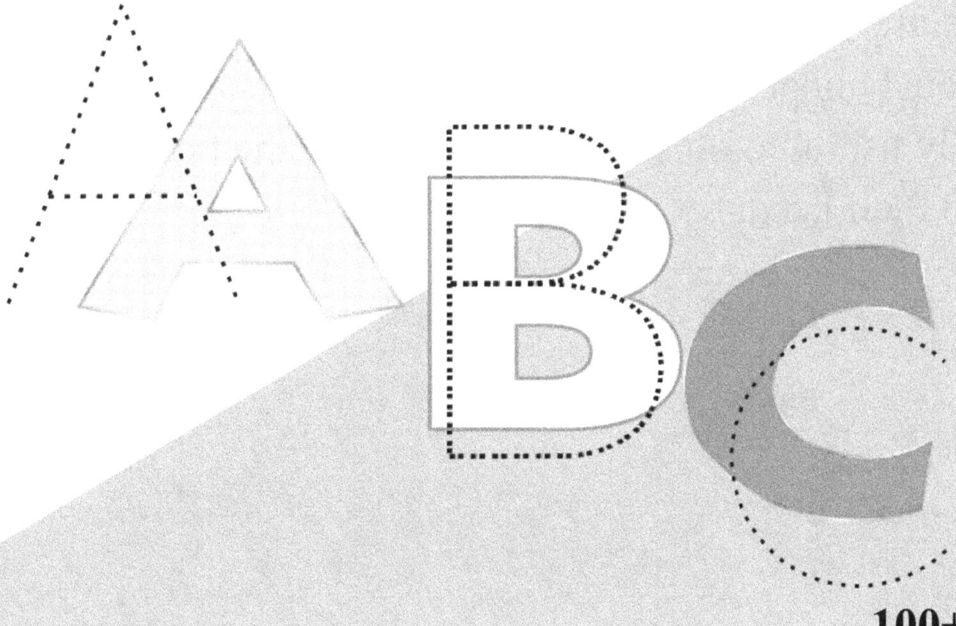

100+ PAGES

Author's notes

Links

Link messenger	m.me/MumAndTeacherForKids
E-mail	mumandteacherforkids@gmail.com
Group	https://www.facebook.com/groups/MumAndTeacherForKids/
Facebook Page	https://fb.me/MumAndTeacherForKids

If you bought one of my books, leave a review!

Reviews are very important for us authors because they help us to continuously improve the quality of our books and they can be especially useful to other parents to choose the book that is best suited to their needs.

Handwriting

Practice Workbook

For Kids Ages 3+

This is a handwriting workbook that helps beginners learn writing in a simple and fun way.

It will help children to transition from tracing the letters to writing those letters independently.

This is a beginning handwriting practice workbook. The book is composed of three parts:

part 1 :
Line tracing, color animals, learn alphabet
part 2:
Learn simple words
part 3:
Learn simple sentences

Teachers are welcome to reproduce worksheets from this workbook for their classroom use only.

Part 1

Line tracing, color animals, learn alphabet

Trace the Straight line patterns:

Tracing Lines

Name__________   **<u>Tracing Lines</u>**   Date__________

Trace the Straight line patterns:

Trace the Curve patterns:

Name_____________ **<u>Tracing Lines</u>** Date_____________

Trace the Curve patterns:

Read and Color the animal.

A is for alligator

Trace the letter A a.

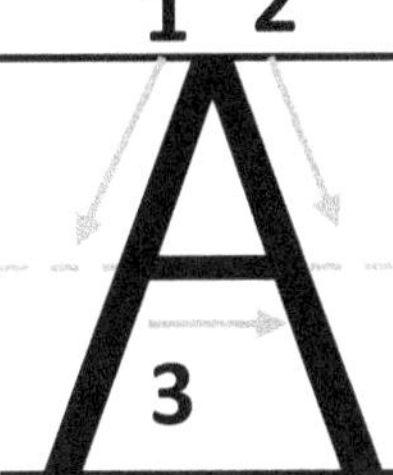

A	B	C	D	E	F	G	H	I	J	K	L	M	N	O	P	Q	R	S	T	U	V	W	X	Y	Z

Trace the letter A.

A A A A A A A

A A A A A A A

A A A A A A A

Write the letter A.

A B C D E F G H I J K L M N O P Q R S T U V W X Y Z

Trace the letter a.

a a a a a a a a a

a a a a a a a a a

a a a a a a a a a

Write the letter a.

A B C D E F G H I J K L M N O P Q R S T U V W X Y Z

Name_____________ **<u>The Letter B b</u>** Date__________

Read and Color the animal.

B is for bear

Trace the letter B b.

Name__________   **<u>The Letter B b</u>**   Date__________

Trace the letter B.

B B B B B B

B B B B B B

B B B B B B

Write the letter B.

A B C D E F G H I J K L M N O P Q R S T U V W X Y Z

Name_____________   **The Letter B b**   Date___________

Trace the letter b.

b b b b b b

b b b b b b

b b b b b b

Write the letter b.

A B C D E F G H I J K L M N O P Q R S T U V W X Y Z

Read and Color the animal.

C is for crab

Trace the letter C c.

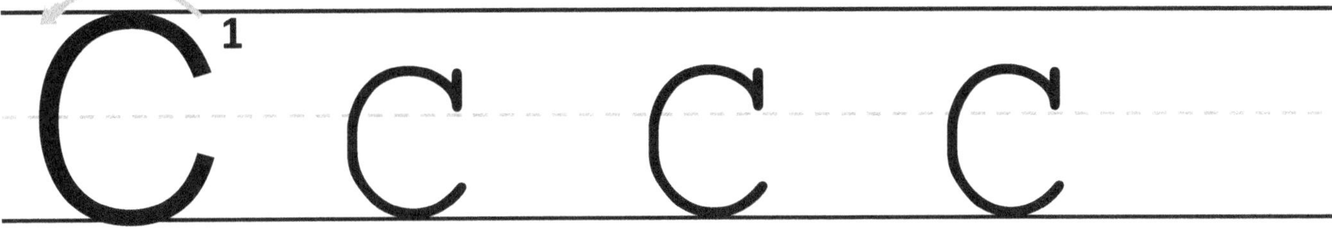

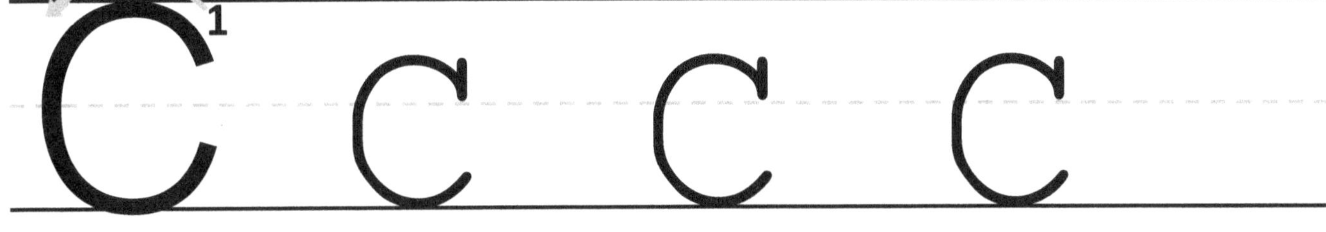

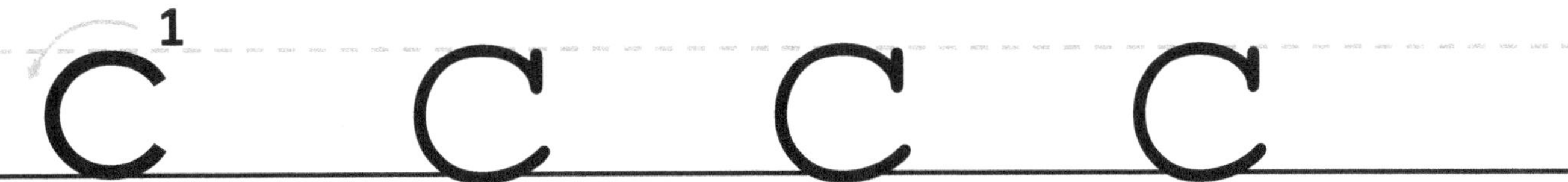

A B C D E F G H I J K L M N O P Q R S T U V W X Y Z

Name_____________   **<u>The Letter C c</u>**   Date___________

Trace the letter C.

C C C C C C

C C C C C C

C C C C C C

Write the letter C.

Name_____________ **<u>The Letter C c</u>** Date_____________

Trace the letter c.

C C C C C C C

C C C C C C C

C C C C C C C

Write the letter c.

A B C D E F G H I J K L M N O P Q R S T U V W X Y Z

Name_____________ <u>**The Letter D d**</u>   Date_____________

Read and Color the animal.

D is for dragon

Trace the letter D d.

DDDD D

DDDD

dddd

dddd

A B C D E F G H I J K L M N O P Q R S T U V W X Y Z

Name________________ **<u>The Letter D d</u>** Date____________

Trace the letter D.

D D D D D D

D D D D D D

D D D D D D

Write the letter D.

Name________________   **<u>The Letter D d</u>**   Date________________

Trace the letter d.

d d d d d d

d d d d d d

d d d d d d

Write the letter d.

A B C **D** E F G H I J K L M N O P Q R S T U V W X Y Z

Read and Color the animal.

E is for elephant

Trace the letter E e.

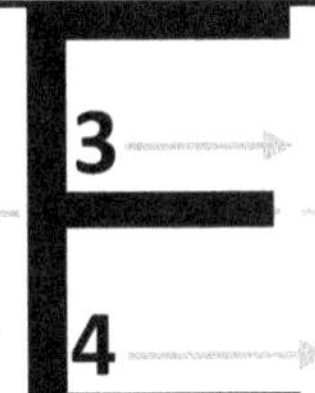 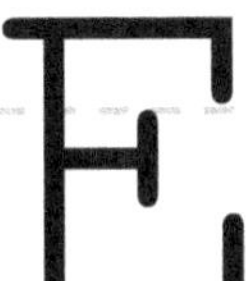

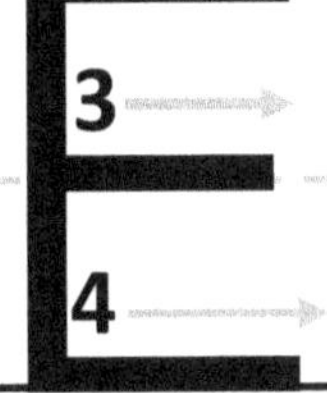 

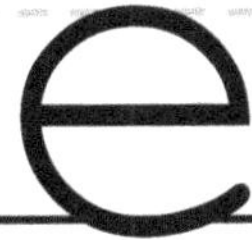  

A B C D E F G H I J K L M N O P Q R S T U V W X Y Z

Trace the letter E.

E E E E E E

E E E E E E

E E E E E E

Write the letter E.

A B C D E F G H I J K L M N O P Q R S T U V W X Y Z

Trace the letter e.

e e e e e e e e e e

e e e e e e e e e e

e e e e e e e e e e

Write the letter e.

A B C D E F G H I J K L M N O P Q R S T U V W X Y Z

Name_____________   <u>**The Letter F f**</u>   Date_____________

Read and Color the animal.

F is for fox

Trace the letter F f.

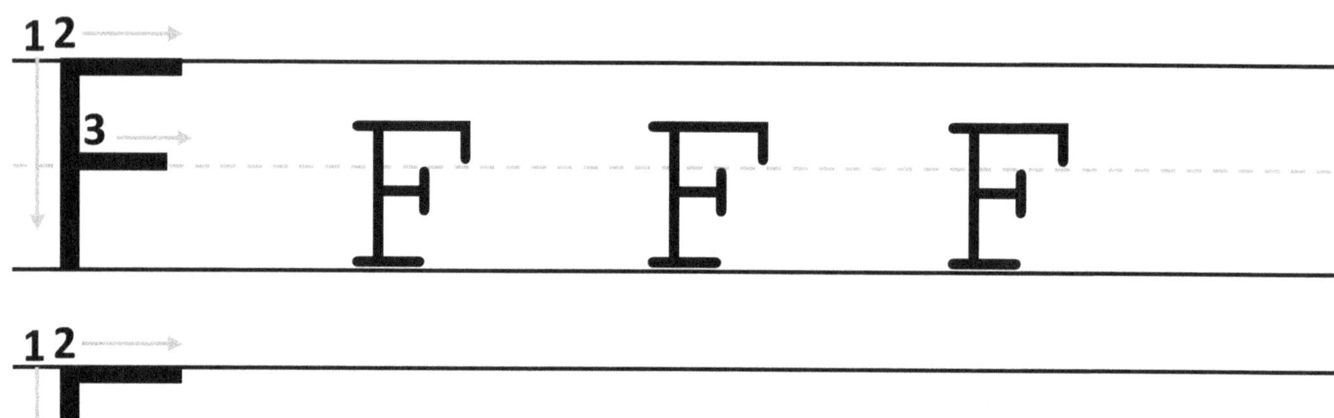

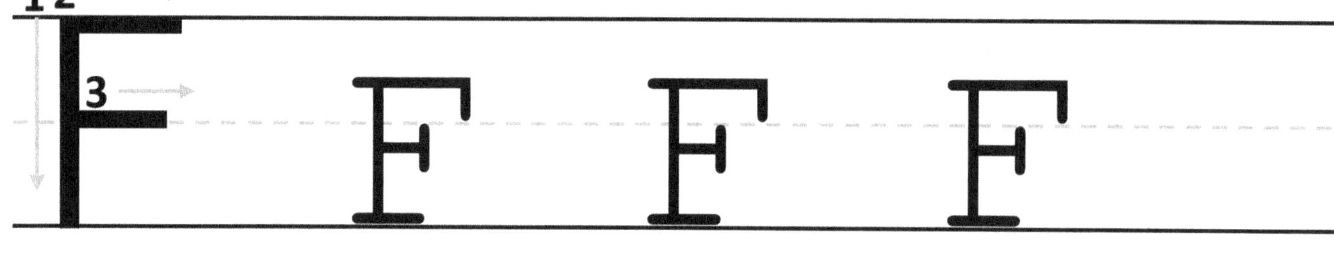

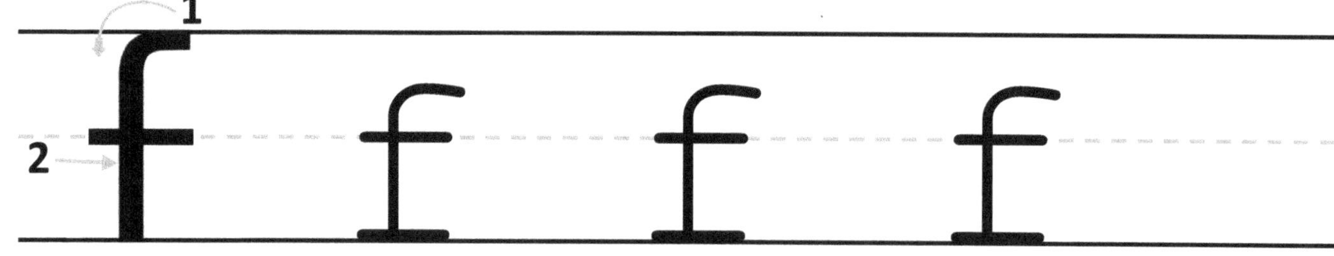

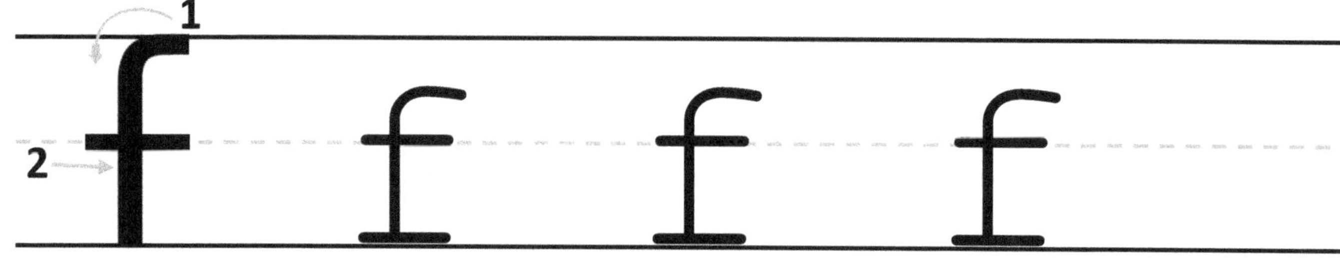

A B C D E F G H I J K L M N O P Q R S T U V W X Y Z

Name_____________ **<u>The Letter F f</u>** Date_____________

Trace the letter F.

F F F F F F

F F F F F F

F F F F F F

Write the letter F.

Trace the letter f.

f   f   f   f   f   f

f   f   f   f   f   f

f   f   f   f   f   f

Write the letter f.

A	B	C	D	E	F	G	H	I	J	K	L	M	N	O	P	Q	R	S	T	U	V	W	X	Y	Z

Read and Color the animal.

G is for giraffe

Trace the letter G g.

G G G G G

G G G G G

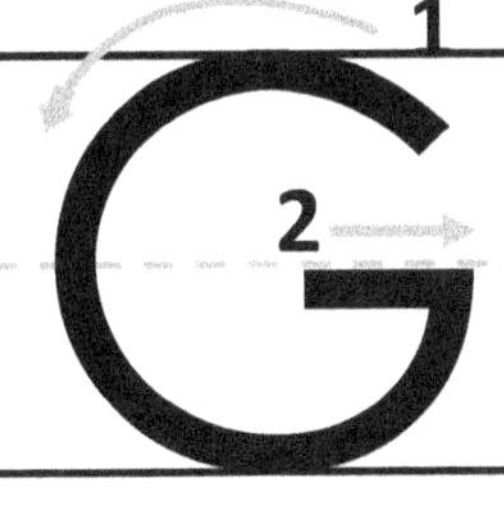

g g g g g

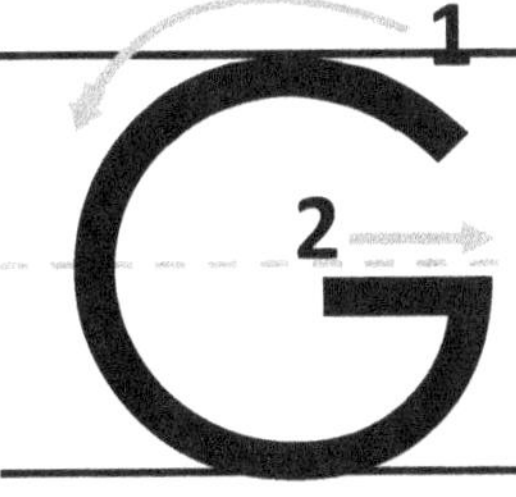

g g g g g

A B C D E F G H I J K L M N O P Q R S T U V W X Y Z

Trace the letter G.

G G G G G G

G G G G G G

G G G G G G

Write the letter G.

A B C D E F G H I J K L M N O P Q R S T U V W X Y Z

Trace the letter g.

g g g g g g

g g g g g g

g g g g g g

Write the letter g.

A B C D E F G H I J K L M N O P Q R S T U V W X Y Z

Read and Color the animal.

H is for hedgehog

Trace the letter H h.

Trace the letter H.

H H   H H   H H   H H   H H   H

H H   H H   H H   H H   H H   H

H H   H H   H H   H H   H H   H

Write the letter H.

A B C D E F G H I J K L M N O P Q R S T U V W X Y Z

Name_____________ **<u>The Letter H h</u>** Date_____________

Trace the letter h.

h h h h h h h

h h h h h h

h h h h h h

Write the letter h.

A B C D E F G H I J K L M N O P Q R S T U V W X Y Z

Name_____________ **<u>The Letter I i</u>** Date___________

Read and Color the animal.

I is for iguana

Trace the letter I i.

A B C D E F G H I J K L M N O P Q R S T U V W X Y Z

Name______________ **<u>The Letter</u> Ii** Date__________

Trace the letter i.

I I I I I I

I I I I I I

I I I I I I

Write the letter i.

Name_____________ **<u>The Letter i</u>** Date____________

Trace the letter i.

i i i i i i

i i i i i i

i i i i i i

Write the letter i.

A B C D E F G H I J K L M N O P Q R S T U V W X Y Z

Read and Color the animal.

J is for jaguar

Trace the letter J j.

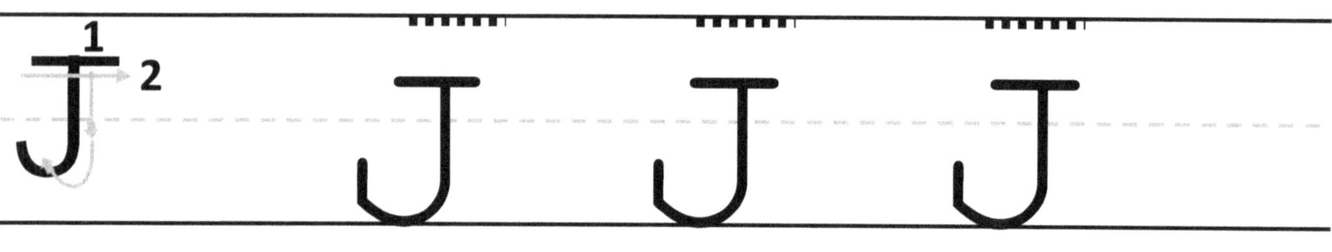

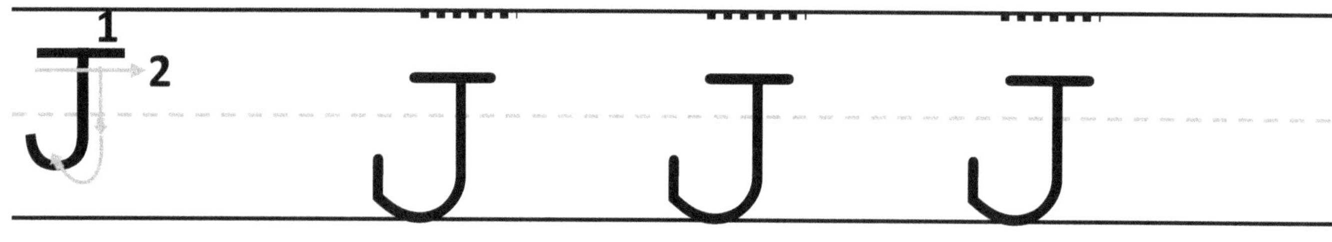

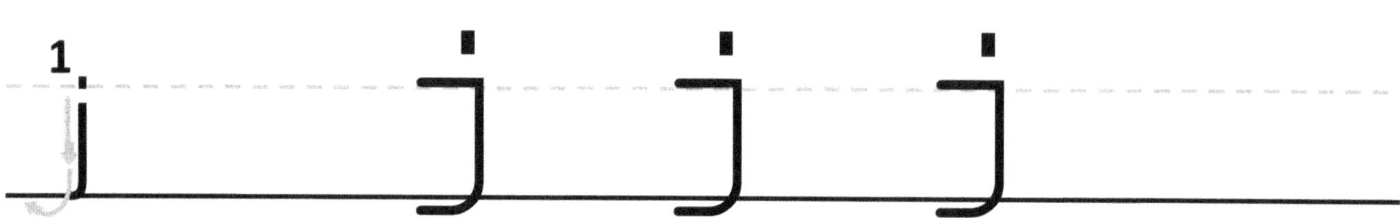

A B C D E F G H I J K L M N O P Q R S T U V W X Y Z

Name_____________ **The Letter** Jj Date___________

Trace the letter J.

J J J J J J

J J J J J J

J J J J J J

Write the letter J.

A B C D E F G H I J K L M N O P Q R S T U V W X Y Z

Trace the letter j.

j j j j j j

j j j j j j

j j j j j j

Write the letter j.

A B C D E F G H I J K L M N O P Q R S T U V W X Y Z

Read and Color the animal.

K is for koala

Trace the letter K k.

1   2
K K K K

1   2
K K K K

1
2 3
k k k k

1
2 3
k k k k

A B C D E F G H I J K L M N O P Q R S T U V W X Y Z

Name________________   <u>**The Letter K k**</u>   Date________________

Trace the letter K.

K K K K K K K K K K K K

K K K K K K K K K K K K

K K K K K K K K K K K K

Write the letter K.

A B C D E F G H I J K L M N O P Q R S T U V W X Y Z

Name_____________ **<u>The Letter K k</u>** Date___________

Trace the letter k.

k k k k k k

k k k k k k

k k k k k k

Write the letter k.

A B C D E F G H I J K L M N O P Q R S T U V W X Y Z

Read and Color the animal.

L is for lion

Trace the letter L l.

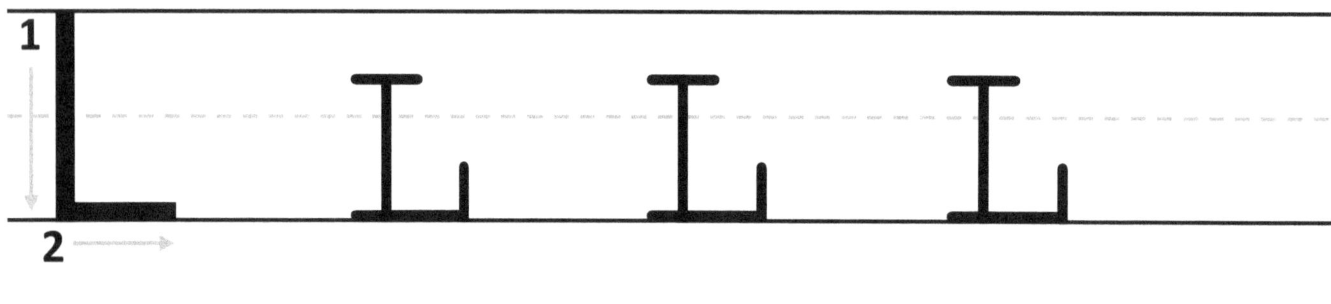

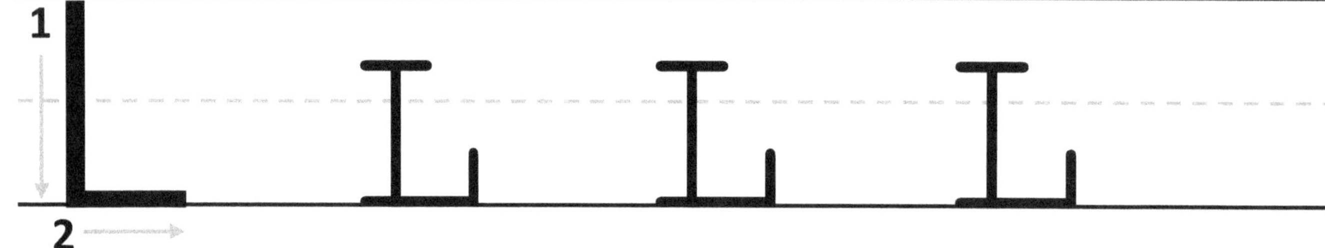

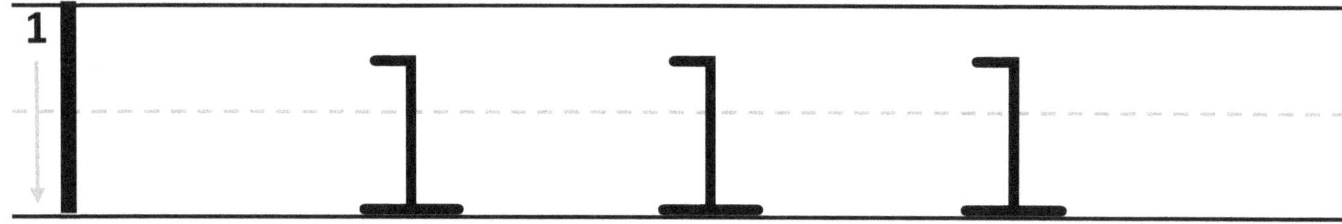

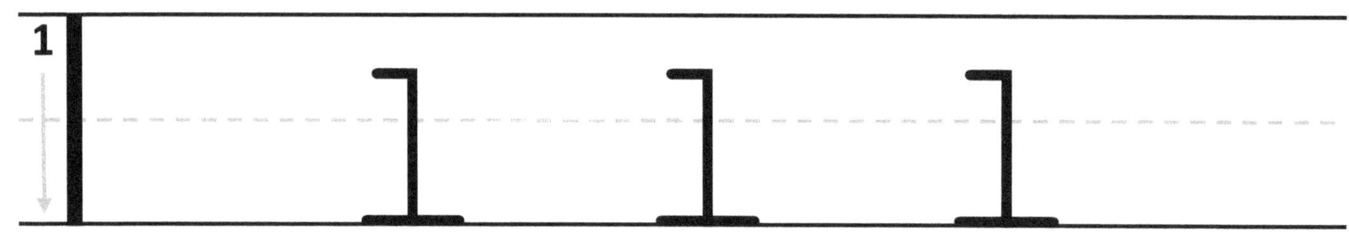

A B C D E F G H I J K L M N O P Q R S T U V W X Y Z

Name_____________ **<u>The Letter L l</u>** Date_____________

Trace the letter L.

L L L L L L

L L L L L L

L L L L L L

Write the letter L.

A B C D E F G H I J K L M N O P Q R S T U V W X Y Z

Trace the letter l.

Write the letter l.

A B C D E F G H I J K L M N O P Q R S T U V W X Y Z

Read and Color the animal.

M is for monkey

Trace the letter M m.

M M M M M

M M M M M

m m m m m

m m m m m

Trace the letter M.

M M M M M M

M M M M M M

M M M M M M

Write the letter M.

Name___________ **<u>The Letter M m</u>** Date___________

Trace the letter m.

m m m m m

m m m m m

m m m m m

Write the letter m.

Read and Color the animal.

N is for newt

Trace the letter N n.

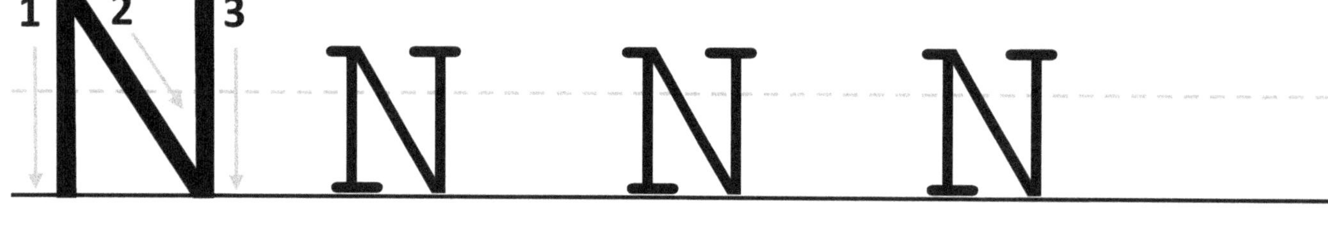

Name_____________ **<u>The Letter N n</u>** Date_____________

Trace the letter N.

N N N N N N N N N N

N N N N N N N N N N

N N N N N N N N N N

Write the letter N.

Name_____________ <u>**The Letter N n**</u> Date_____________

Trace the letter n.

n n n n n n

n n n n n n

n n n n n n

Write the letter n.

A	B	C	D	E	F	G	H	I	J	K	L	M	N	O	P	Q	R	S	T	U	V	W	X	Y	Z

Name_____________   **<u>The Letter O o</u>**   Date___________

Read and Color the animal.

O is for octopus

Trace the letter O o.

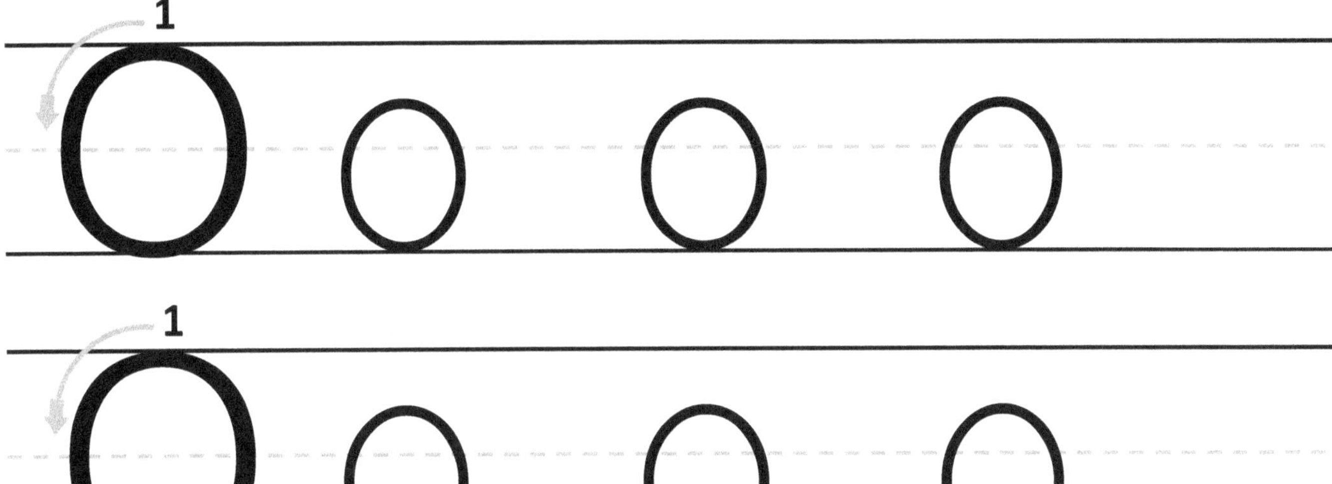

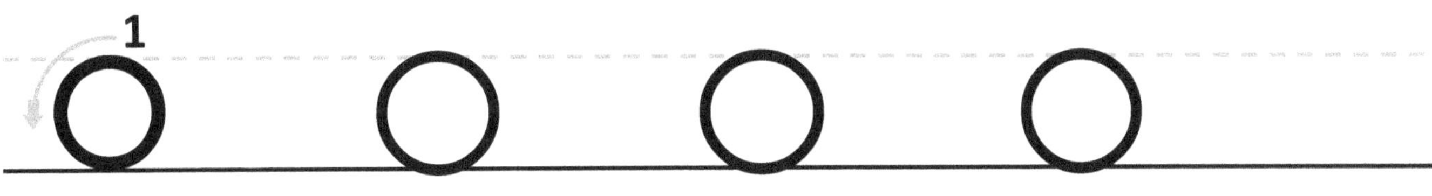

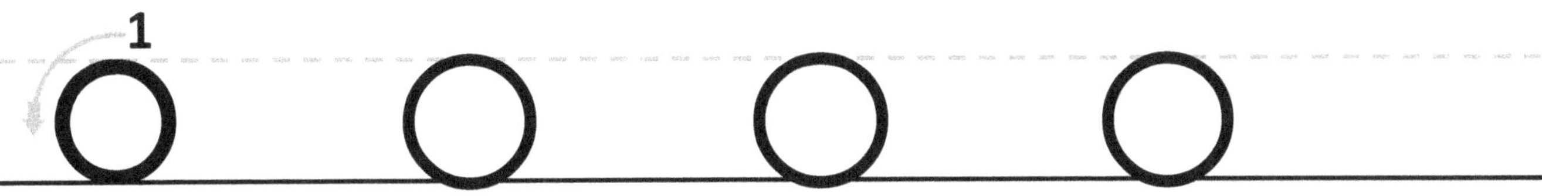

A B C D E F G H I J K L M N O P Q R S T U V W X Y Z

Name_____________ **<u>The Letter O o</u>** Date_____________

Trace the letter O.

Write the letter O.

Name_____________ **<u>The Letter O o</u>** Date_____________

Trace the letter o.

O O O O O O

O O O O O O

O O O O O O

Write the letter o.

A B C D E F G H I J K L M N O P Q R S T U V W X Y Z

Name_____________ <u>**The Letter P p**</u> Date___________

Read and Color the animal.

P is for panda

Trace the letter P p.

P P P P

P P P P

p p p p

p p p p

A B C D E F G H I J K L M N O P Q R S T U V W X Y Z

Trace the letter P.

P P P P P P

P P P P P P

P P P P P P

Write the letter P.

A B C D E F G H I J K L M N O P Q R S T U V W X Y Z

Name_____________   **<u>The Letter P p</u>**   Date_____________

Trace the letter p.

p p p p p p

p p p p p p

p p p p p p

Write the letter p.

A B C D E F G H I J K L M N O P Q R S T U V W X Y Z

Name_____________ **<u>The Letter Q</u>** q   Date___________

Read and Color the animal.

Q is for quail

Trace the letter Q q.

  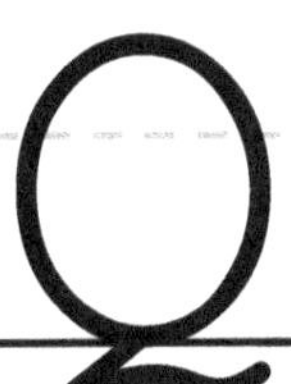 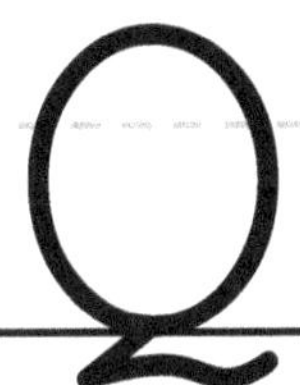

 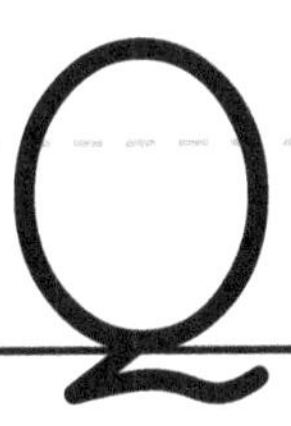 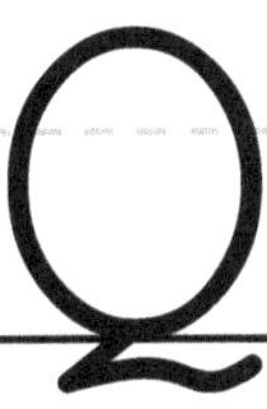 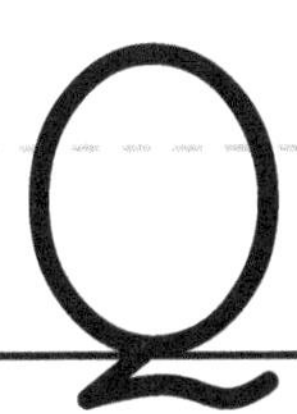

A B C D E F G H I J K L M N O P Q R S T U V W X Y Z

Trace the letter Q.

Write the letter Q.

A B C D E F G H I J K L M N O P Q R S T U V W X Y Z

Name_____________ **<u>The Letter Q</u>** q Date_____________

Trace the letter q.

q q q q q q q q q q q q

q q q q q q q q q q q q

q q q q q q q q q q q q

Write the letter q.

A B C D E F G H I J K L M N O P Q R S T U V W X Y Z

Read and Color the animal.

R is for raccoon

Trace the letter R r.

R R R R

R R R R

r r r r

r r r r

Name____________   **<u>The Letter R r</u>**   Date____________

Trace the letter R.

R R R R R R

R R R R R R

R R R R R R

Write the letter R.

A B C D E F G H I J K L M N O P Q R S T U V W X Y Z

Name__________ **<u>The Letter R r</u>** Date__________

Trace the letter r.

r r r r r r

r r r r r r

r r r r r r

Write the letter r.

A B C D E F G H I J K L M N O P Q R S T U V W X Y Z

Read and Color the animal.

S is for snake

Trace the letter S s.

S¹ S S S

S¹ S S S

s¹ s s s

s¹ s s s

A B C D E F G H I J K L M N O P Q R S T U V W X Y Z

Trace the letter S.

S S S S S S

S S S S S S

S S S S S S

Write the letter S.

A B C D E F G H I J K L M N O P Q R S T U V W X Y Z

Name________________   <u>**The Letter S s**</u>   Date________________

Trace the letter s.

S   S   S   S   S   S

S   S   S   S   S   S

S   S   S   S   S   S

Write the letter s.

A B C D E F G H I J K L M N O P Q R S T U V W X Y Z

Name__________   **<u>The Letter T t</u>**   Date__________

Read and Color the animal.

T is for tiger

Trace the letter T t.

ABCDEFGHIJKLMNOPQRSTUVWXYZ

Name____________ **<u>The Letter T t</u>** Date____________

Trace the letter T.

T T T T T T

T T T T T T

T T T T T T

Write the letter T.

A B C D E F G H I J K L M N O P Q R S T U V W X Y Z

Name__________   **<u>The Letter T t</u>**   Date__________

Trace the letter t.

t t t t t t t

t t t t t t t

t t t t t t t

Write the letter t.

| A B C D E F G H I J K L M N O P Q R S T U V W X Y Z |

Name__________   <u>**The Letter U**</u> u   Date__________

Read and Color the animal.

U is for unicorn

Trace the letter U u.

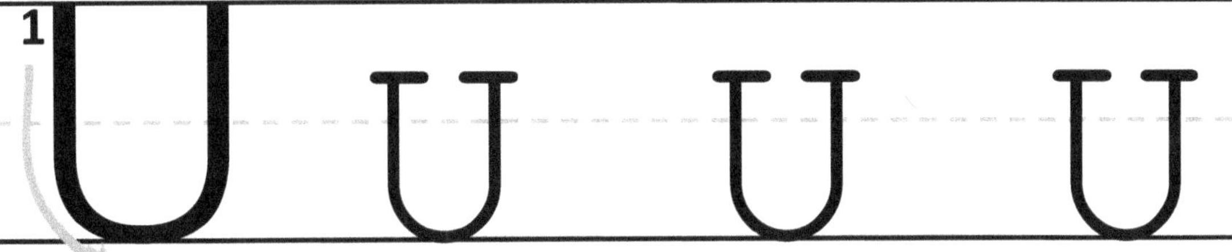

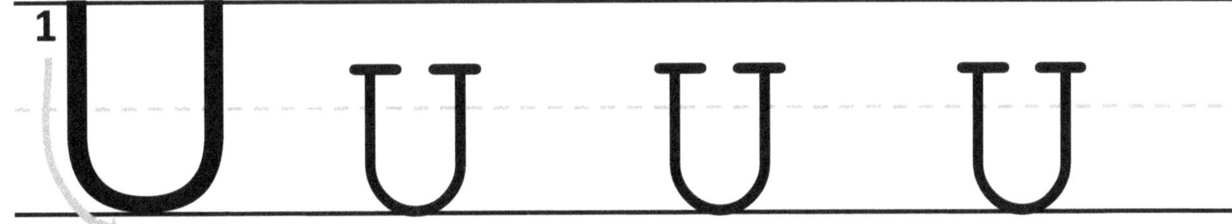

| A | B | C | D | E | F | G | H | I | J | K | L | M | N | O | P | Q | R | S | T | U | V | W | X | Y | Z |

Name_____________   **<u>The Letter U</u>** u   Date_____________

Trace the letter U.

U U U U U U

U U U U U U

U U U U U U

Write the letter U.

A B C D E F G H I J K L M N O P Q R S T U V W X Y Z

Name_____________   <u>**The Letter U**</u> u   Date_____________

Trace the letter u.

u u u u u u

u u u u u u

u u u u u u

Write the letter u.

A B C D E F G H I J K L M N O P Q R S T U V W X Y Z

Read and Color the animal.

V is for vulture

Trace the letter V v.

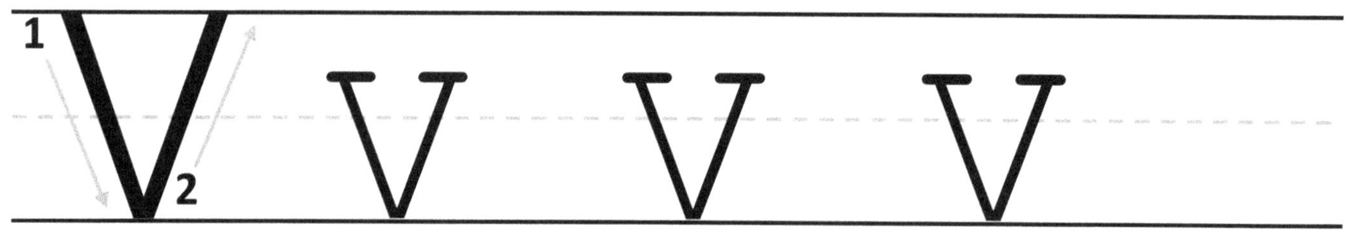

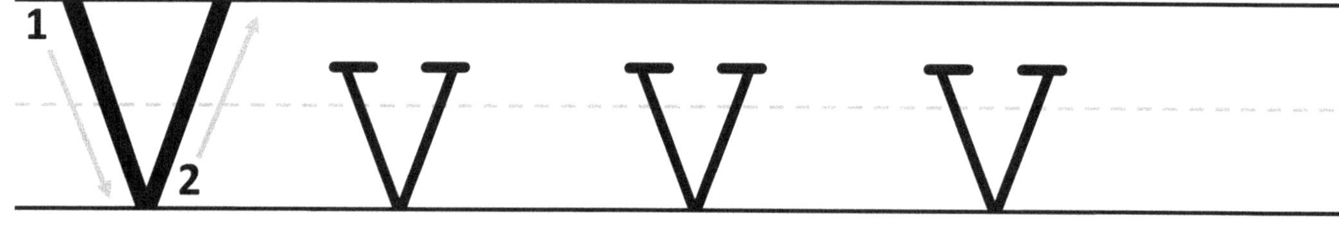

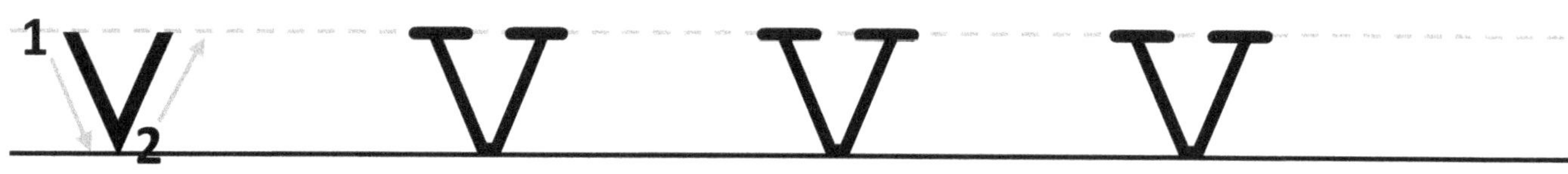

A B C D E F G H I J K L M N O P Q R S T U V W X Y Z

Name_____________   **<u>The Letter V v</u>**   Date____________

Trace the letter V.

V V V V V V

V V V V V V

V V V V V V

Write the letter V.

A B C D E F G H I J K L M N O P Q R S T U V W X Y Z

Name_____________   <u>**The Letter V v**</u>   Date_____________

Trace the letter v.

V   V   V   V   V   V

V   V   V   V   V   V

V   V   V   V   V   V

Write the letter v.

A B C D E F G H I J K L M N O P Q R S T U V W X Y Z

Name______________ **<u>The Letter W w</u>** Date____________

Read and Color the animal.

W is for whale

Trace the letter W w.

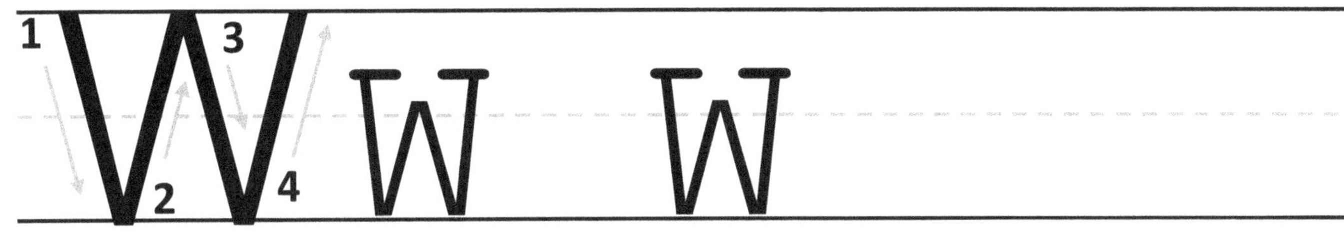

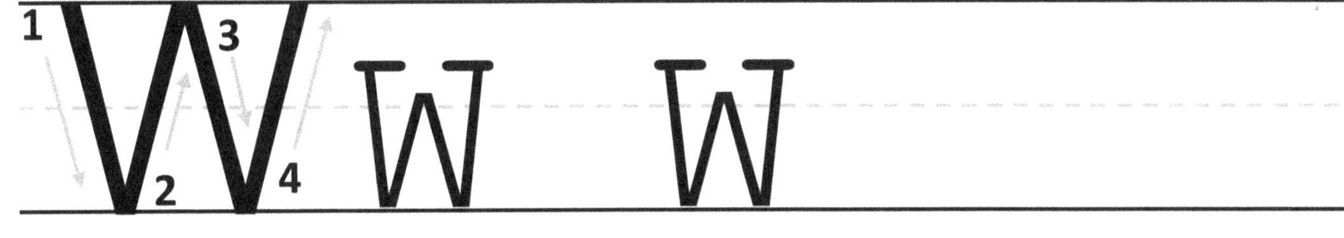

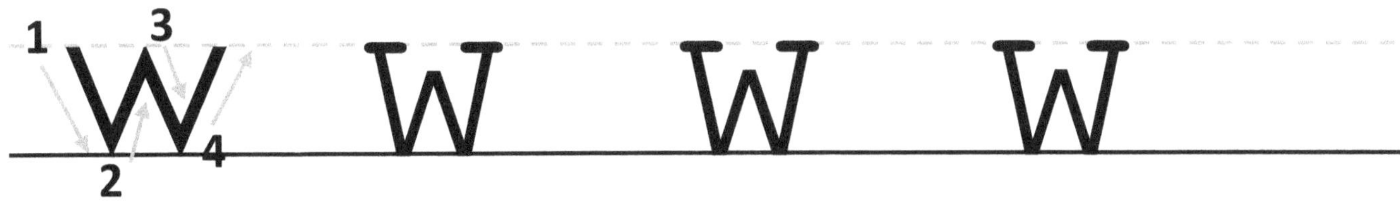

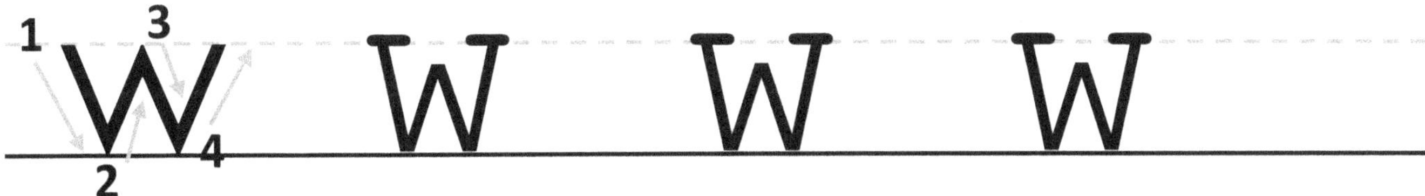

A B C D E F G H I J K L M N O P Q R S T U V W X Y Z

Trace the letter W.

W W W W W W

W W W W W W

W W W W W W

Write the letter W.

A B C D E F G H I J K L M N O P Q R S T U V W X Y Z

Trace the letter w.

W W W W W W

W W W W W W

W W W W W W

Write the letter w.

A B C D E F G H I J K L M N O P Q R S T U V W X Y Z

Read and Color the animal.

X is for x-ray fish

Trace the letter X x.

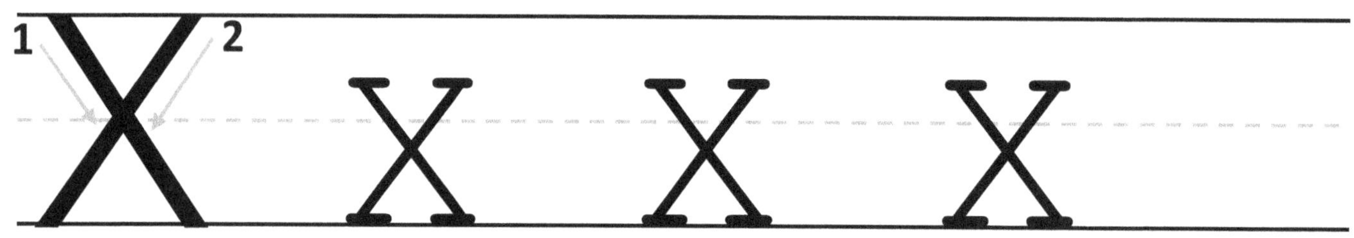

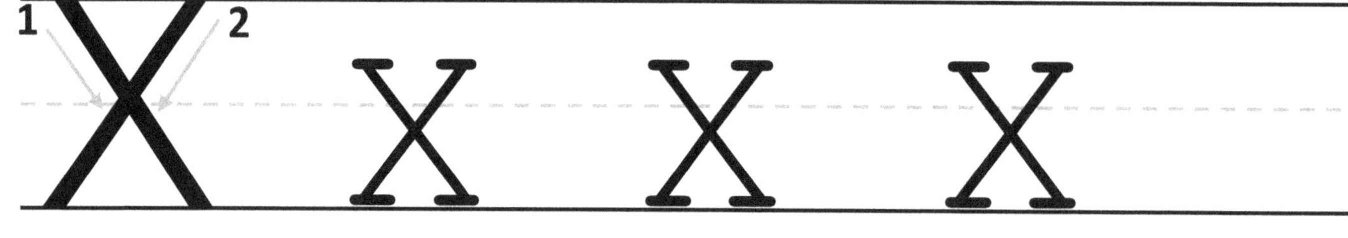

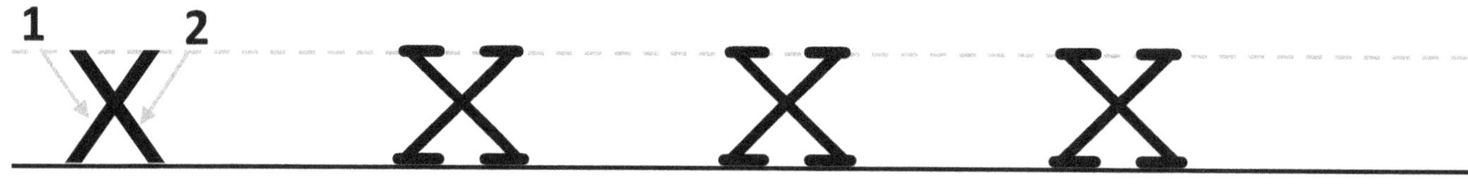

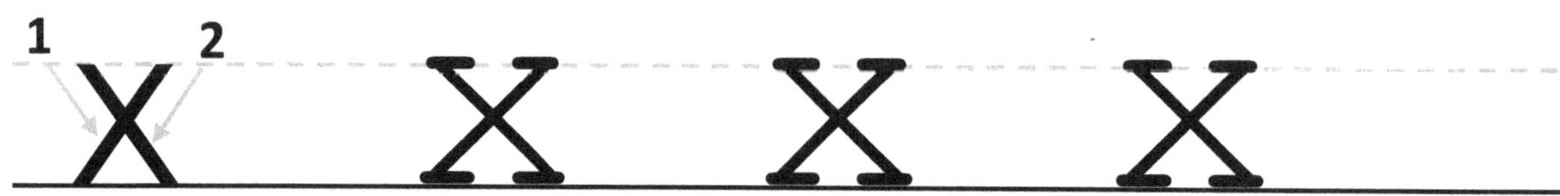

Name____________ **<u>The Letter X x</u>** Date____________

Trace the letter x.

X X X X X X

X X X X X X

X X X X X X

Write the letter x.

A B C D E F G H I J K L M N O P Q R S T U V W X Y Z

Name_____________ **<u>The Letter X x</u>** Date____________

Trace the letter x.

Write the letter x.

ABCDEFGHIJKLMNOPQRSTUVWXYZ

Name_____________ **<u>The Letter Y y</u>** Date_____________

Read and Color the animal.

Y is for yak

Trace the letter Y y.

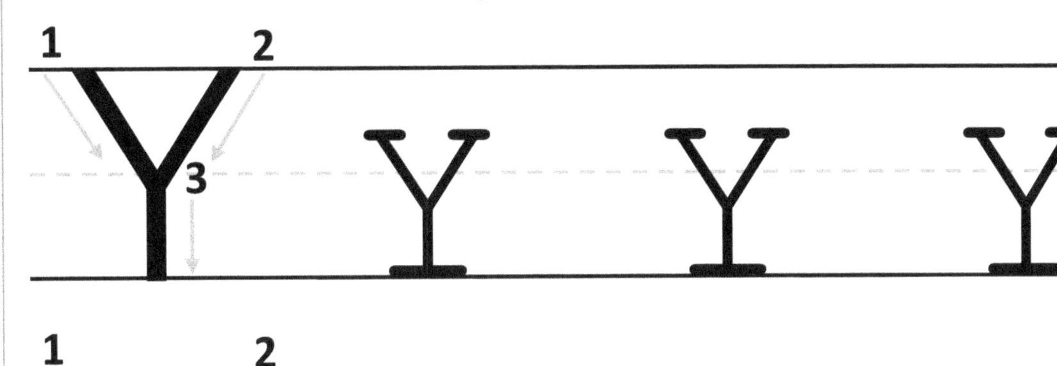

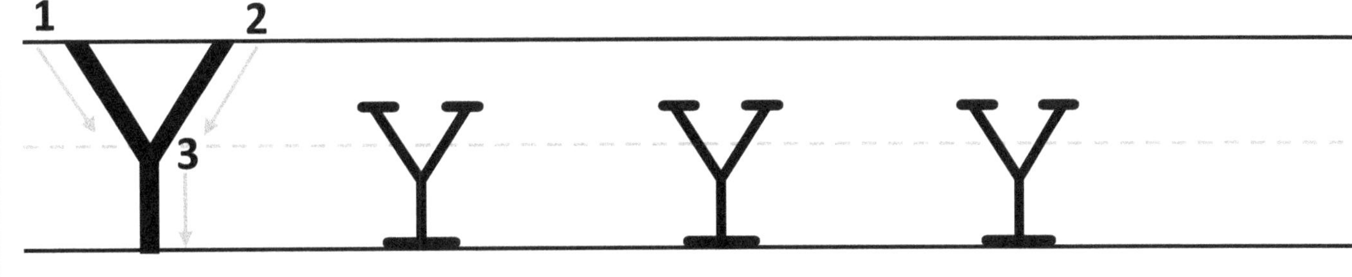

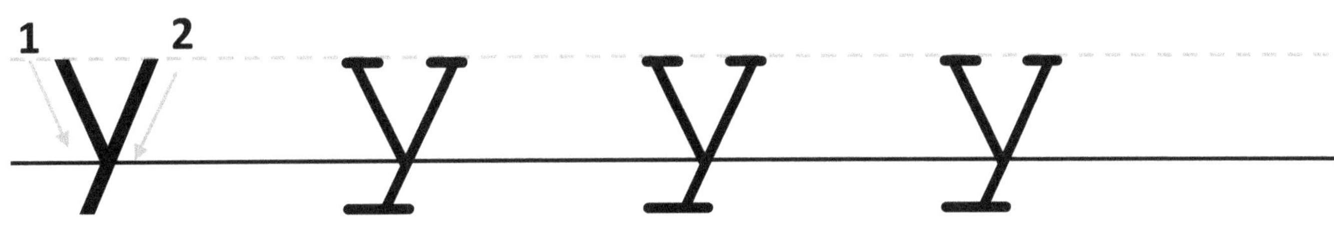

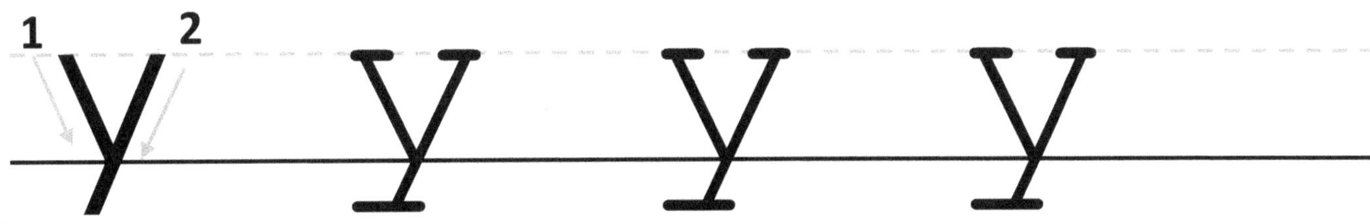

A B C D E F G H I J K L M N O P Q R S T U V W X Y Z

Name_____________ **<u>The Letter Y y</u>** Date_____________

Trace the letter Y.

Y Y Y Y Y Y

Y Y Y Y Y Y

Y Y Y Y Y Y

Write the letter Y.

A B C D E F G H I J K L M N O P Q R S T U V W X Y Z

Name________________   **<u>The Letter Y y</u>**   Date______________

Trace the letter y.

y y y y y y

y y y y y y

y y y y y y

Write the letter y.

A B C D E F G H I J K L M N O P Q R S T U V W X Y Z

Name_____________   <u>**The Letter Z z**</u>   Date____________

Read and Color the animal.

Z is for zebra

Trace the letter Z z.

A B C D E F G H I J K L M N O P Q R S T U V W X Y Z

Name_____________   **<u>The Letter Z z</u>**   Date____________

Trace the letter Z.

Z Z Z Z Z Z

Z Z Z Z Z Z

Z Z Z Z Z Z

Write the letter Z.

A B C D E F G H I J K L M N O P Q R S T U V W X Y Z

Trace the letter z.

Z Z Z Z Z Z

Z Z Z Z Z Z

Z Z Z Z Z Z

Write the letter z.

A B C D E F G H I J K L M N O P Q R S T U V W X Y Z

Trace and write the alphabet letters.

Aa Bb Cc Dd

Ee Ff Gg Hh

Ii Jj Kk Ll

Mm

A B C D E F G H I J K L M N O P Q R S T U V W X Y Z

Trace and write the alphabet letters.

Nn OO Pp Qq

Rr Ss Tt Uu

Vv Ww Xx Yy

Zz

A B C D E F G H I J K L M N O P Q R S T U V W X Y Z

Part 2

Learn simple words

apple ball car

apple apple

ball ball

Car car

apple

ball

car

A B C D E F G H I J K L M N O P Q R S T U V W X Y Z

Read and color the words.

dot ear fan

Trace the word.

dot dot dot

ear ear ear

fan fan fan

Write the word.

dot

ear

fan

A B C D E F G H I J K L M N O P Q R S T U V W X Y Z

Read and color the words.

go hen ink

Trace the word.

go go go go

hen hen hen

ink ink ink

Write the word.

go

hen

ink

A B C D E F G H I J K L M N O P Q R S T U V W X Y Z

Read and color the words.

jug kit lamp

Trace the word.

jug jug jug

kit kit kit

lamp lamp

Write the word.

jug

kit

lamp

A B C D E F G H I J K L M N O P Q R S T U V W X Y Z

Read and color the words.

mug net owl

Trace the word.

mug mug mug

net net net

owl owl owl

Write the word.

mug

net

owl

A B C D E F G H I J K L M N O P Q R S T U V W X Y Z

Read and color the words.

pet quilt red

Trace the word.

pet pet pet

quilt quilt

red red red

Write the word.

pet

quilt

red

A B C D E F G H I J K L M N O P Q R S T U V W X Y Z

Name___________   **<u>Words</u>**   Date___________

Read and color the words.

sun tap up

Trace the word.

sun sun sun

tap tap tap

up up up up

Write the word.

sun

tap

up

| A | B | C | D | E | F | G | H | I | J | K | L | M | N | O | P | Q | R | S | T | U | V | W | X | Y | Z |

Read and color the words.

van we x-ray

Trace the word.

van van van

we we we we

x-ray x-ray

Write the word.

van

we

x-ray

A B C D E F G H I J K L M N O P Q R S T U V W X Y Z

Read and color the words.

yam zip

Trace the word.

yam yam

zip zip zip

Write the word.

yam

zip

A B C D E F G H I J K L M N O P Q R S T U V W X Y Z

Part 3

Learn simple sentences

Read the sentence.

I saw an ant

Color the picture.

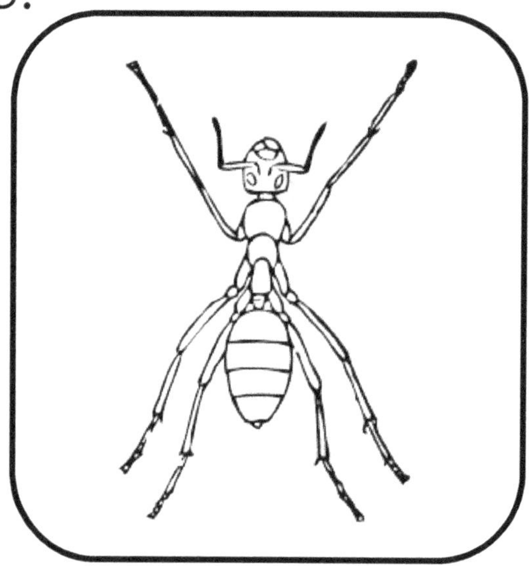

Trace and write the sentence.

I saw an ant

Read the sentence.

I like to play

Color the picture.

Trace and write the sentence.

I like to play

Read the sentence.

I can write

Color the picture.

Trace and write the sentence.

I can write

Name____________   Date____________

Read the sentence.

I have a dog

Color the picture.

Trace and write the sentence.

I have a dog

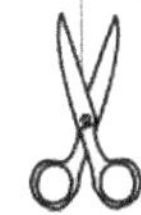

Read the sentence.

This is my bag

Color the picture.

Trace and write the sentence.

This is my bag

Read the sentence.

> I can read

Color the picture.

Trace and write the sentence.

I can read

Name__________   Date__________

Read the sentence.

The car is red

Color the picture.

Trace and write the sentence.

The car is red

Name__________   <u>**Sentences**</u>   Date__________

Read the sentence.

I love my cat

Color the picture.

Trace and write the sentence.

I love my cat